AF250460

UN FRANCAIS

A L'HONORABLE

LORD WELLINGTON,

Sur sa lettre du 23 septembre dernier, à Lord Castlereagh.

A PARIS,

Chez P. GUEFFIER, Imprimeur-Libraire, rue Guénégaud, n°. 31.

———

1815.

AVIS DE L'ÉDITEUR.

C'est le 18 octobre dernier et jours suivans, que les Journaux français ont publié la communication faite par M. le Duc de Wellington à lord Castlereagh, le 23 septembre précédent, concernant l'expédition qui avoit eu lieu contre le Musée de Paris.

Le 22 octobre, l'Ecrit qu'on va lire étoit composé, imprimé, prêt à paroître.

Le respect de l'auteur pour des considérations que tout Français appréciera, lui a commandé d'en suspendre la publication.

Aujourd'hui chacun est rentré dans sa liberté de discuter loyalement, sans passion, sans aigreur, un point de Droit Public.

Usant donc de la faculté qui appartient à tout Français, quel que soit l'état politique de choses et dans quelques circonstances que son pays soit placé, de dire, d'écrire et d'imprimer, sous sa responsabilité, tout ce qu'il juge être utile, honnête ou juste, l'Auteur soumet au Public la discussion à laquelle il s'étoit livré, de la lettre de lord Wellington.

Cette liberté, si nous en étions réduits à entendre appeler de ce nom un acte aussi simple et aussi légitime que l'est l'exercice d'un droit, ne seroit encore qu'un hommage rendu par l'Auteur à la libéralité présumée des principes de l'illustre Général anglais, dont, après tout, il n'a fait que discuter ici une opinion *personnelle*.

Rien, en effet, ne devra sembler plus naturel que de voir un Français se montrer jaloux de l'honneur national et de la dignité de son Roi. Et si quelque chose eût pu faire naître en Europe un étonnement peu flatteur pour la France, c'eût été, sans doute, qu'aucune voix ne se fût élevée dans son sein pour contredire les explications que renferme la lettre de M. le Duc de Wellington à lord Castlereagh.

UN FRANÇAIS

A L'HONORABLE

LORD WELLINGTON,

Sur sa lettre du 23 septembre dernier, à Lord CASTLEREAGH.

————————

M Y L O R D,

LORSQUE votre Gouvernement paroît n'avoir pas balancé à laisser rendre publique l'explication adressée par vous à lord Castlereagh, dans votre lettre du 23 septembre dernier, sur l'expédition faite contre le Musée de Paris, en ce qui vous concerne, et lorsque cette lettre renferme, soit des inexactitudes de faits, soit des erreurs de Droit public, soit des expressions qui atteignent, contre votre intention sans doute, la dignité de la Nation française, il doit être permis à un Français de donner la même publicité à une réfutation.

C'est ce que je vais entreprendre dans cet Écrit, sans m'écarter du respect qu'impose votre caractère, mais aussi avec la liberté qui appartient à un sujet de Louis XVIII.

Il ne falloit pas moins, Mylord, que la nature, toute extraordinaire, des circonstances où la France se trouve placée aujourd'hui, pour qu'il pût y avoir quelque chose de commun entre un Général étranger que la fortune et ses talens ont environné de tant d'éclat, et un simple citoyen n'occupant, dans l'ordre de la société en France, qu'un rang modeste. Mais l'inégalité des positions est rachetée, ici, par l'importance des intérêts ; et les distances se rapprochent, un moment, entre deux hommes qui parlent pour leurs pays ou pour leurs Gouvernemens respectifs.

Voulant, Mylord, ne pas encourir le reproche de n'avoir vu dans votre lettre qu'une occasion favorable pour discuter tous les faits qui se rattachent à la présence des Puissances étrangères sur le territoire français, depuis la rentrée de notre auguste Monarque dans la capitale, j'adopte la forme de réfutation la plus naturelle. J'examine successivement chacun des articles de votre lettre du 25 septembre 1815 ; et si des réflexions plus générales viennent se mêler quelquefois à mes réponses, il demeurera évident, par leur relation avec vos propositions, que celles-ci me les auront seules suggérées, et que je ne serai pas sorti de mon sujet. J'ai d'autant moins, au reste, l'intention d'en franchir les bornes en me livrant à des digressions, que, suivant moi, la postérité

(5)

est toujours plus compétente que les contemporains pour distribuer avec pleine justice l'éloge ou
le blâme relativement à des faits ou à des actions
d'un certain ordre.

J'entame donc, sans plus long préambule, la
réfutation que je me suis proposée.

Lettre du duc de Wellington à lord Castlereagh.

Paris, le 23 septembre 1815.

« Mylord ,

« On a beaucoup parlé ici, dans ces derniers temps,
» des mesures que j'ai été obligé d'adopter afin de
» retirer du Musée des tableaux et autres objets d'arts
» appartenans au Roi des Pays-Bas; et comme ces
» bruits peuvent parvenir aux oreilles du Prince Ré-
» gent, je vous adresse la relation suivante de toute
» l'affaire, pour la mettre sous les yeux de S. A. R.

Oui, Mylord, on a *parlé beaucoup* à Paris
des mesures que vous rappelez ici. On en a parlé
d'autant plus qu'elles ont été prises et exécutées
par un général étranger, célèbre en France déjà
depuis long-temps, moins encore par ses talens
militaires incontestables, et par un grand nombre
d'exploits glorieux, que par la sagesse et la modération de son caractère, déployées auparavant
dans une infinité de circonstances. On en a parlé

avec douleur, parce qu'il y a eu emploi de la force étrangère au sein d'une ville amie, au milieu de citoyens paisibles, sous les yeux d'un Allié leur Roi malheureux, et malheureux de cette adversité qui imprime tous les respects et commande tous les égards. On en a parlé avec étonnement, parce que cette force étrangère apparoissoit et agissoit sous les ordres d'un chef au nom duquel s'associoient toutes les idées de civilisation, de prudence et de loyauté. Et soyez bien assuré, Mylord, que Paris n'est pas le seul lieu où l'on en ait parlé. La France, l'Europe entière ont déjà retenti du bruit de cette expédition faite contre le Musée de notre capitale, et qui, précisément parce qu'elle appartiendra au siècle où nous vivons, demeurera dans l'Histoire un des événemens les plus remarquables de celle de notre âge dont elle ait à s'occuper. Enfin, Mylord, nous ne pouvons douter qu'on n'en ait parlé beaucoup, même parmi les Anglais, non-seulement à Paris, mais dans leur patrie. Car l'Angleterre renferme un très - grand nombre d'hommes sensibles à la vraie gloire et délicats sur leur honneur national. Au surplus, nous éprouvons quelque soulagement à recueillir de votre propre aveu que les mesures que vous dites avoir *été obligé d'adopter*, ce n'est point votre Gouvernement qui vous les a ordonnées, c'est vous-même qui les avez prises sur vous. Il nous est doux de savoir qu'un acte qui nous a affligés, lorsque notre nation et notre Roi n'étoient pas, comme je vais l'établir plus bas contre votre sentiment, Mylord, en état d'inimitié, encore moins en état de guerre avec votre pays, ne doit point être attribué au Gouvernement anglais, mais au premier général de ses armées. Et ce qui nous confirme dans cette consolante opinion, c'est, Mylord, la crainte que vous manifestez de voir *parvenir aux oreilles de S. A. R. le Prince-Régent* ce qui se disoit à Paris au sujet de l'expédition du Musée. Nous pouvons donc conserver la pensée que votre Gouvernement n'a rien voulu, rien commandé d'hostile contre notre Roi ni contre notre nation.

« Peu de temps après l'arrivée des souverains à
» Paris, le ministre du Roi des Pays-Bas demanda
» les tableaux, etc. etc. appartenans à son souverain.
» Les ministres des autres Souverains en firent autant,
» et je fus instruit qu'ils ne pouvoient obtenir du gou-
» vernement français une réponse satisfaisante. Après
» plusieurs entretiens avec moi sur ce sujet, ce gou-
» vernement transmit à V. S. une note officielle qui
» fut soumise aux ministres des Puissances alliées réu-
» nis en conférence. L'affaire fut prise plusieurs fois
» en consideration, afin de trouver les moyens de
» faire justice à ceux qui réclamoient les objets d'arts

» renfermés dans le Musée, sans offenser les senti-
» mens du Roi de France.

En consultant, Mylord, les principes du Droit Public, et en faisant attention à l'état de relations politiques dans lequel se trouvoient respectivement notre Roi et S. M. le Roi des Pays-Bas, non-seulement au jour, à jamais déplorable, de l'irruption de Bonaparte en France, mais même *après l'arrivée des Souverains à Paris,* vous trouverez qu'il n'a pas été exact d'avancer qu'au moment où le ministre de S. M. le Roi dés Pays-Bas *demanda les tableaux,* etc., etc., ces objets *appartinssent à son Souverain.* Je vais expliquer cette opinion. Mais je vous dois, avant tout, Mylord, une déclaration formelle qui rende moins défavorable à vos yeux le fond de mes idées sur ce point.

Je n'entends louer ni approuver rien de ces avantages, toujours si chèrement achetés, que procure la victoire, rien, surtout, de ces fureurs guerrières qu'un Chef insensé, abusant des forces et de la valeur naturelle d'un grand peuple, est allé, pendant trop long-temps, exercer sur presque toutes les parties du territoire Européen. Et il est bien connu, en Europe, partout où l'on y apprécie avec justice la nation française, partout où l'on juge avec bonne foi les événemens militaires et politiques dans lesquels elle a joué un si grand rôle, depuis 12 années principalement, que, chez aucun peuple, peut-être, du nombre de ceux mêmes qu'on lui donnoit pour ennemis, l'immense majorité des nationaux n'a déploré plus amèrement qu'en France les excès de tout genre qui se sont commis au-dehors sous les funèbres auspices et par les ordres de l'Attila moderne. Je suis donc, Mylord, bien éloigné d'applaudir aux enlèvemens, aux spoliations, qui n'ont été que trop constamment, de nos jours comme dans les siècles passés, les résultats de la guerre. Je ne nierai pas davantage que S. M. le Roi des Pays-Bas et ses sujets dussent regretter vivement la perte de ces monumens dont la possession fait l'un des charmes les plus doux de l'état de civili-sation sociale, et qui avoient orné si long-temps un pays qu'on peut nommer aussi une terre classique des arts. En penser autrement, ce seroit leur faire une injure que ne méritent, assurément, ni le Monarque, ni les peuples qu'il gouverne.

Mais enfin, Mylord, ces objets *demandés* par le ministre de S. M. le Roi des Pays-Bas, ils étoient entrés dans le Musée de Paris par l'exercice d'un droit, triste et odieux, j'en conviens, d'un droit, toutefois, que les Publicistes ont reconnu, que les Gouvernemens anciens et modernes ont consacré constamment, le droit de conquête. Ils

ne pouvoient donc en sortir que de deux ma-
nières, ou par l'effet de ce même droit de conquête, ou par le résultat d'un traité qui en auroit assuré la remise amiable. Tout au contraire,
ils y étoient demeurés, même après l'invasion de
la France et de la capitale en 1814, c'est-à-dire
à une époque où la réclamation à main-armée,
dont ils seroient devenus l'objet, n'auroit étonné
personne, où la stipulation formelle de leur restitution, dans le traité qui régla le dernier état
politique de la France, eût paru à tous n'être que
naturelle et légitime. Ils y étoient demeurés après
la consommation d'un traité solennel, celui de
Paris, du 30 mai 1814, d'un traité qui intéressoit spécialement S. M. le Roi des Pays-Bas, au
nom duquel, pourtant, aucune réclamation ni protestation ne fut faite. Le traité une fois signé, et
signé avec le plus auguste des garans du respect
pour les stipulations qu'il renfermoit, avec le Roi
Louis XVIII, ce dut être un point constant pour
toute l'Europe que, désormais et comme avant
le traité, le Musée de Paris étoit destiné à conserver les monumens d'arts qui y avoient été
transportés des Pays-Bas à diverses époques. Il
n'y a rien de nouveau, rien de fort dans cette
conclusion ; elle n'est que l'expression de la raison ;
elle n'est que l'évidence. Et j'aurai occasion de
faire remarquer plus bas, Mylord, que vous-

même avez été frappé des conséquences de cet état de choses fixé par le traité de Paris, du 30 mai 1814 ; comme je saisirai celle, aussi, d'examiner s'il est vrai que les événemens postérieurs l'aient changé à l'égard de la Nation française et de son Roi.

La suite de cet article de votre lettre, Mylord, fait connoître que non seulement S. M. le Roi des Pays – Bas, mais encore les autres Souverains avoient demandé, comme lui, des restitutions d'objets d'arts. Qu'ils aient conçu le désir de voir rentrer en leur possession ces monumens que les chances de la guerre avoient ravis à la jouissance de leurs peuples, ce désir étoit honorable pour les nations comme pour leurs rois. Qu'ils se soient résolus même à les demander, c'est ce qui s'explique encore. Pourtant, Mylord, j'oserai bien vous dire qu'il est des convenances politiques comme des convenances particulières ; qu'il est des bienséances de position qu'on ne peut blesser sans affliger les ames délicates ; qu'ainsi celui qui, ayant la force, demande à celui qui n'a pas la force, semble exiger plutôt que demander ; et que si, loin qu'aucune inimitié les divise, l'amitié n'a pas cessé de les unir, l'usage possible de la force, de la part de l'un contre l'autre, devient encore plus frappant et offre une idée plus pénible. Cette réflexion s'applique parfaitement à l'ensemble de circonstances au milieu desquelles a été faite au roi de France , par S. M. le roi des Pays-Bas , comme par les autres souverains , la demande que vous révélez dans votre lettre. En effet, Mylord , Louis XVIII étoit l'allié de toutes ces puissances. Il n'avoit pas cessé de l'être. Les puissances n'étoient entrées sur son territoire que pour le maintien , avoient-elles protesté, soit dans les actes du Congrès, soit dans les proclamations diverses publiées en leur nom , d'un traité fait avec Louis XVIII , religieusement respecté par Louis XVIII, dont un furieux , infracteur à main-armée de ce même traité, avoit, en les entraînant dans un égarement déplorable, attiré les soldats sous ses drapeaux. Le sort des armes avoit favorisé les alliés de Louis XVIII. Il étoit revenu dans la capitale de son royaume aux acclamations d'une immense majorité fidèle , dont les transports furent bientôt partagés par la presqu'universalité de la nation , qui n'avoit pas vu un seul instant des ennemis dans les alliés de son roi, dont la présence , au contraire, lui paroissoit le présage certain d'un prochain rétablissement de la paix européenne. Mais une réduction considérable de l'armée que l'usurpateur avoit enlevée à Louis XVIII étoit le résultat des événemens militaires et politiques. Bientôt le roi de France s'étoit déterminé à en opérer le licenciement. Une telle mesure ne pouvoit être que l'effet d'une confiance entière dans les Puissances ses alliées. C'est alors, et dans cet état de dénûment de forces, que S. M. le Roi des Pays-Bas, et les autres souverains avec lui, ont *demandé* les tableaux et autres objets d'arts, ainsi que nous l'apprend votre lettre du 23 septembre. En y lisant avec attention l'article auquel je m'occupe de répondre ici, on découvre facilement, quelque enveloppées que soient les pensées dans les expressions, la résistance digne et modérée que le Roi de France opposoit à cette réclamation. Mais on reconnoît aussi que des rois environnés de troupes n'en insistoient pas moins, dans la négociation qui a eu lieu à ce sujet, auprès d'un roi qui n'en avoit plus, et dont vous assurez pourtant, Mylord, qu'on répugnait *à offenser les sentimens* ; délicatesse, au surplus, qui étoit un devoir véritable envers un Monarque si grand, si majestueux dans son adversité.

» Pendant ce temps-là, les Prussiens avoient ob-
» tenu de S. M. le Roi de France non - seulement
» tous les tableaux appartenans à la Prusse, mais aussi
» ceux qui appartenoient au territoire prussien sur la
» rive gauche du Rhin, et tous ceux qui étoient la
» propriété particulière de S. M. Prussienne. L'affaire

» devint pressante , et V. S. écrivit une note le . . . ,
» dans laquelle la matière étoit traitée à fond.

Si le fait de cette concession à S. M. le Roi de Prusse est certain (et les détails donnés plus bas semblent autoriser à ne pas le regarder comme tel), il ne m'appartient pas de scruter les motifs qui avóient déterminé le Roi de France à consentir, en faveur de S. M. Prussienne, la remise des tableaux dont il est question ici. Mais je remarque dans votre langage même, Mylord, que ce souverain les avoit *obtenus* du nôtre, et j'en conclus que le nôtre eut le droit de refuser , comme celui d'accorder. J'en tire cette conséquence avec d'autant plus de confiance, que je démontrerai bientôt qu'à l'égard de la nation française comme de Louis XVIII, les événemens survenus n'avoient rien changé au traité du 30 mai 1814; et il sera toujours moins affligeant pour les Français de penser qu'en déférant au désir manifesté par S. M. le Roi de Prusse, leur Roi usoit de la plénitude d'indépendance et de dignité que lui assuroit sa qualité d'*allié*, plutôt qu'il ne cédoit à des craintes excitées par des insinuations menaçantes. Du reste, vous donnez assez à entendre, Mylord, qu'en ce qui concernoit S. M. le Roi des Pays-Bas, la demande faite en son nom étoit *pressante*; et, quoique votre langage nous laisse dans une ignorance absolue sur le contenu en la note qu'écrivit lord Castlereagh, il est facile de deviner que cette note n'étoit pas moins *pressante* que la demande.

» Le ministre du Roi des Pays-Bas n'ayant encore
» reçu aucune réponse satisfaisante du gouvernement
» français, s'adressa à moi, comme commandant en
» chef des troupes du Roi des Pays-Bas, et me de-
» manda si j'avois quelque répugnance à employer les
» troupes de S. M. pour obtenir la possession de ce
» qui étoit incontestablement la propriété de S. M. Je
» soumis de nouveau cette question aux ministres des
» monarques alliés ; et comme on ne trouva aucune
» objection à cette demande, je crus de mon devoir
» de prendre les mesures nécessaires pour obtenir ce
» qui étoit de droit.

On apprend avec peine, dans cette partie de votre récit, Mylord, que le ministre d'un souverain qui fut malheureux long-temps aussi, vous fit une pareille question dans la capitale de son allié, occupée par les troupes de son armée et de la vôtre. Mais combien étoit digne de vous la réponse que vous n'y avez pas faite !

Je crois avoir prouvé plus haut que la possession de ces objets n'étoit *pas incontestablement la propriété de S. M. le Roi des Pays-Bas*, comme vous l'assurez, Mylord, et que, dans l'état de choses existant après l'arrivée même des

Souverains à Paris, cette propriété ne pouvoit revivre en faveur de S. M. le Roi des Pays-Bas qu'en vertu d'une convention définitive de remise qui eût fait partie des arrangemens entamés. Par les traités, les Souverains se restituent des provinces; ils peuvent bien se restituer des tableaux. Mais les traités sont des monumens de paix, et l'invasion du Musée fut une expédition de guerre.

On peut être surpris, Mylord, de ce que des hommes aussi éclairés que le sont les *Ministres des Monarques alliés* n'ont trouvé *aucune objection à cette demande*, car il y en avoit de graves à faire. Mais on ne peut plus s'étonner, une fois que vous regardiez comme *étant de droit* la demande de S. M. le Roi des Pays-Bas, que vous ayez *cru devoir prendre les mesures nécessaires pour obtenir.*

» Je parlai en conséquence au prince Talleyrand à
» ce sujet; je lui communiquai ce qui s'était passé à
» la conférence, et les raisons que j'avois de penser
» que le Roi des Pays-Bas avoit des droits sur les ta-
» bleaux; et je l'engageai à mettre l'affaire sous les
» yeux du Roi, et à le prier de me faire la faveur de
» déterminer lui-même le mode par lequel je pourrois
» obtenir ce qui étoit l'objet des réclamations du Roi
» des Pays-Bas, sans offenser en aucune manière le
» Roi de France.

» Le prince Talleyrand me promit une réponse
» pour le lendemain soir ; mais ne l'ayant pas reçue ,
» je me rendis chez lui dans la nuit , et j'eus avec lui
» une seconde conférence , dans laquelle il me donna
» à entendre que le Roi ne donneroit point d'ordres à
» ce sujet ; que je pouvois faire ce que je jugerois
» convenable , et traiter avec M. Denon , le direc-
» teur du Musée.

» Le lendemain matin, j'envoyai mon aide-de-camp,
» le lieutenant-colonel Freemantle , à M. Denon ,
» qui lui dit qu'il n'avoit aucun ordre de livrer les
» tableaux de la galerie , et qu'il ne céderoit qu'à la
» force.

» J'envoyai alors le lieutenant-colonel Freemantle au
» prince Talleyrand pour l'instruire de cette réponse ;
» pour le prévenir que le lendemain, à midi, les troupes
» prendroient possession des tableaux appartenans au
» Roi des Pays-Bas, et pour déclarer que, s'il résultoit de
» cette mesure quelque désagrément , les ministres du
» Roi , et non pas moi , en seroient responsables. Le
» colonel Freemantle instruisit aussi M. Denon de la
» mesure qui seroit prise.

Tout ce récit, Mylord, en confirmant la jus-
tesse de l'interprétation que j'ai donnée plus haut
aux dispositions dans lesquelles la demande avoit
trouvé le Roi de France, prouve que M. le prince
de Talleyrand a connu ses devoirs de ministre de
Louis XVIII, et M. Denon les siens, comme Direc-
teur général du Musée. L'un n'avoit point d'ordres

du Roi, qui ne jugeoit pas conforme à sa dignité d'accorder ce qui étoit *demandé*, dans les circonstances où on le lui *demandoit*; l'autre n'en avoit point du ministère. Tous deux se sont montrés Français comme le Roi lui-même. Et si (ce dont Dieu nous a heureusement préservés!) il étoit *résulté de cette mesure quelque désagrément*, ce n'est pas *sur les Ministres de Louis XVIII* que qui que ce soit en France, en Europe peut-être, eût songé à en rejeter la responsabilité.

» Cependant il ne fut pas nécessaire d'envoyer des » troupes, parce qu'une garde prussienne occupoit la » galerie; et les tableaux furent emportés sans qu'on » eût besoin des troupes qui sont sous mon commande-» ment, à l'exception de quelques soldats qui aidèrent, » comme ouvriers, à descendre et à emballer les ta-» bleaux.

Il est bien difficile de concilier ce que vous dites ici, Mylord, de *l'occupation* de la *galerie* par une *garde prussienne*, avec ce que vous assurez plus haut du consentement que le Roi de France avoit donné en faveur de S. M. Prussienne, à la remise des monumens d'arts redemandés en son nom. Car, si le Roi de France avoit consenti, la restitution n'exigeoit ni le concours ni l'appui d'une force armée. Tout devoit, à ce qu'il semble, se passer paisiblement et d'accord entre M. Denon et les agens de S. M. Prussienne. Mais enfin c'est un fait constant, dès que vous le déclarez, Mylord, qu'une garde prussienne occupoit la galerie. Celle-là, sans doute, n'étoit destinée qu'à protéger et à seconder la sortie, du Musée, des objets qui se restituoient à S. M. le Roi de Prusse. Il est clair, cependant, d'après votre récit, que ce fut par les soldats prussiens, et non par ceux placés *sous votre commandement, à l'exception de quelques soldats qui*, comme vous le dites vous-même, *aidèrent, comme ouvriers, à descendre et emballer les tableaux*, que fut assuré et consommé l'enlèvement des objets d'arts réclamés par Sa Majesté le Roi des Pays-Bas ; ce qui a lieu d'étonner, et ce qui autorise à supposer que la restitution à S. M. Prussienne n'étoit pas aussi volontaire et aussi libre qu'on pourroit le croire d'après un des premiers articles de votre lettre. Quoi qu'il en soit, et puisqu'il y avoit force employée pour recouvrer les monumens précieux, c'est toujours un malheur que le soin de descendre et d'emballer des tableaux ait été confié à des soldats, *comme ouvriers*, et non à des ouvriers véritables, du nombre de ceux qui, accoutumés à une sorte de respect pour des objets de cette nature, et familiers avec l'habitude de toutes les précautions qui peuvent en garantir l'intégrité, rassurent, contre le danger d'accidens irréparables, les amis , les zélateurs de tout ce qui est beau , de tout ce qui est grand dans les produits du talent et du génie.

» On a dit qu'en faisant enlever de la galerie des Tui-
» leries les tableaux du Roi des Pays-Bas , je m'étois
» rendu coupable d'une infraction à un traité que
» j'avois conclu moi-même ; et, comme il n'est pas
» fait mention du Musée dans le traité du 25 mars , et
» qu'il paroît que le traité dont on veut parler est la
» *convention* militaire de Paris , il est nécessaire de
» montrer comment cette convention a rapport au
» Musée.

On a dit d'abord, Mylord , que, dans l'état de choses fixé par le traité de Paris du 30 mai 1814, l'enlèvement à main armée avoit lieu d'affliger. On a dit ensuite, en effet, que la convention militaire de Paris s'étendoit aux monumens des arts. Je crois avoir prouvé le premier point. C'est en discutant la suite de votre lettre que j'exa-minerai le second.

» Je n'ai pas besoin de prouver que les alliés étoient
» en guerre avec la France : nul doute que leurs ar-
» mées sont entrées dans Paris en vertu d'une conven-
» tion militaire conclue avec un officier du gouverne-
» ment , le préfet de la Seine , et avec un officier de
» l'armée, qui représentoient les deux autorités exis-

» tantes alors à Paris , et qui tenoient de ces autorités
» le pouvoir de négocier et de conclure pour elles.

La première phrase de cet article de votre
lettre , Mylord , est le point fondamental de toute
discussion sur son objet ; mais je le crois à l'avan-
tage de ma réfutation. *Les alliés étoient en guerre
avec la France !* et vous n'avez *pas besoin de le
prouver.* J'ose penser, Mylord , qu'une bonne
preuve de cette proposition ne seroit pas possible.
Les alliés étoient en guerre avec la France !
Mais eux-mêmes ne s'y jugeoient pas dans ces
actes du Congrès, du 15 mars et autres époques ,
auxquels j'en ai appelé déjà et j'en appelle encore ;
ils ne s'y jugeoient pas dans ces proclamations
adressées par chacun d'eux , en posant le pied
sur les diverses parties du territoire français , aux
habitans qui l'occupoient ; ils ne s'y jugeoient
pas lorsqu'ils traitoient avec Louis XVIII , inséparable de sa nation , lorsqu'ils avoient auprès de lui
leurs ambassadeurs , lorsque les communications
avec lui , dans l'asile de son auguste infortune ,
avoient lieu suivant les mêmes formes qu'aux
jours où il habitoit le palais des Tuileries. *Les
alliés étoient en guerre avec la France !* Mais
eux-mêmes et leurs généraux n'avoient cessé de
déclarer que Bonaparte, dont l'évasion de l'île
d'Elbe fut, en effet, un signal de guerre , étoit

le seul motif de la guerre ; que contre lui, et son armée seuls ils marchoient en armes. *Les alliés étoient en guerre avec la France !* Mais la France étoit-elle donc dans Bonaparte et dans les soldats dont il égara la valeur ? Ou bien existoit-elle seulement dans Louis XVIII et l'immense majorité fidèle de la nation ? L'usurpateur et ses auxiliaires furent-ils *la France* aux yeux des puissances étrangères, ou le Monarque légitime et ses sujets paisibles de tous les départemens ne la constituèrent-ils pas évidemment toujours ? Est-il possible, Mylord, qu'il y ait jamais plus d'équivoque sur ce point pour la postérité que pour les contemporains eux-mêmes ? La vérité est la vérité. Elle éclate, elle frappe tous les esprits, elle triomphe de tous les doutes. Il faut toujours la reconnoître. Je sais bien qu'après être entrées sur les différens points de notre territoire, où les habitans les voyoient sans inquiétude apparoître avec tous les caractères par lesquels la force se déploie, rassurés qu'ils étoient par tant de publications amicales, quelques-unes des Puissances étrangères ont cru devoir prendre des mesures, faire des actes qui ne se concilioient plus avec l'opinion que la Nation française et son Roi s'étoient formée d'une persévérante amitié de leur part ; mais si elles ont entendu, alors, être en guerre avec la *France*, la

nation française et son Roi n'ont cessé de vouloir être et de se croire en paix avec elles. Le
traité de Paris existoit ; il existe toujours. La
convulsion politique produite, en Europe, par
le soulèvement de Bonaparte, ne brisoit pas plus
les liens qui, d'après ce traité, unissoient les Souverains entre lesquels il avoit été conclu, que ne
les eût rompus la tentative de quelque factieux
qui, du sein de l'une des nations européennes,
auroit, en levant l'étendard de l'anarchie, menacé
le repos de l'Europe. Et, bien certainement, ni la
France ni son Monarque ne se seroient crus en état
de guerre, parce que ce malheur seroit arrivé,
avec le pays d'où seroit sorti armé ce factieux, ni
avec le souverain de ce pays. Que les Puissances
alliées entre elles, mais toujours en paix avec
le Roi de France et ses sujets, soient venues
avec des troupes chercher, partout où il seroit
avec des troupes, en France comme ailleurs,
l'homme qui se jouoit des traités et troubloit
de nouveau le monde, rien ne fut plus naturel.
Qu'elles aient regardé et combattu comme ennemis les soldats et tous autres auxiliaires de cet
homme ; ce fut encore leur droit , et il faut dé-
plorer amèrement la cruelle, mais inévitable né=
cessité de le faire où les a mises un aussi funeste
égarement. Qu'arrivées jusqu'en France à grands
frais, après de longues marches, pour le réta-

blissement du repos universel , pour un résultat qui devoit profiter [essentiellement à la France et à Louis XVIII , elles aient prétendu à des indemnités , cela étoit juste. Mais rien de tout cela , assurément , ne changeoit en *état de guerre avec la France* un état de paix qu'évidemment ni la France ni son Monarque n'avoient fait cesser. Non , Mylord , les *alliés ne furent point en guerre avec la France.* Si vous pensez qu'ils s'y soient mis depuis par l'ensemble de leurs mesures , nous persistons à croire que nous n'y sommes pas. Nous ne voulons pas y être ; et comme la guerre ne résulte que de la dissolution du contrat qu'avoit formé la paix , et qu'un contrat ne se résout que par le concours des deux volontés dont il a été l'ouvrage , souffrez que les Français , que la France , repoussent toute idée d'un état de guerre avec les Puissances étrangères , auquel ils n'ont jamais consenti.

Je poursuis la discussion de l'article de votre lettre qui m'occupe en ce moment.

La raison , tirée par vous à l'appui de votre proposition , de ce que *les armées des alliés sont entrées dans Paris en vertu d'une convention militaire , conclue avec un officier du Gouvernement , le Préfet de la Seine , et avec un officier de l'armée , qui représentoient les deux autorités existantes alors à Paris , et qui*

*tenoient de ces autorités le pouvoir de négocier
et de conclure pour elles*, ne constitue pas du
tout la preuve d'un état de guerre des alliés *avec
la France*. A Dieu ne plaise, certes, que je
veuille accuser mes compatriotes auprès d'un
général étranger! Ce que je vais observer, je
n'entends le dire que comme fait historique destiné à servir d'élément pour l'appréciation des
argumens par lesquels je me permets de con-
tester votre assertion. Mais enfin, Mylord, cet
officier du Gouvernement, ce Préfet, cet officier
de l'armée, ces autorités existantes à Paris, au
nom desquelles fut conclue la convention militaire qui ouvrit aux armées des alliés les portes de
la capitale, ils n'étoient pas *la France*, ils n'étoient
pas le Gouvernement royal de Louis XVIII, ils
n'agissoient pas en son nom ; ils cédoient à la
puissance des armes ennemies de Bonaparte, au
gouvernement de qui ils avoient le malheur
d'appartenir, et ils rachetoient leur faute en con-
courant à préserver des plus affreuses calamités
la première ville de France et ses nombreux habitans. Mais, encore une fois, ils n'étoient ni
la France, ni le Gouvernement légitime de la
France. Avec eux les alliés pouvoient se dire
en état de guerre; avec eux ils firent la convention militaire de Paris, mais non avec le Roi
ni avec la Nation, qui n'étoient point en guerre

avec eux. Ainsi, cette convention militaire, passée
entre les généraux des Puissances alliées et des
hommes qui, jetés par la foiblesse, par l'erreur
ou par l'intérêt, dans un parti, surent oublier
ce parti pour se montrer Français, en prévenant
de grands désastres ; cette convention militaire,
dis-je, ni l'entrée des alliés dans la capitale
après sa conclusion, ne prouvent rien en faveur
de l'assertion que les *alliés étoient en guerre
avec la France.*

» L'article de la convention que l'on prétend avoir
» été enfreint, est le onzième, lequel est relatif aux
» propriétes publiques. Je nie formellement que cet
» article ait aucun rapport à la galerie des tableaux.

» Les Commissaires français avoient introduit dans
» le projet du traite un article pour assurer la securité
» de cette espece de propriete ; mais le prince Blucher
» ne voulut point y consentir, et dit qu'il y avoit dans
» la galerie des tableaux pris à la Prusse et que Sa Ma-
» jesté Louis XVIII avoit promis de rendre, ce qui
» n'avoit pas eu lieu. Je rappelai cette circonstance
» aux Commissaires français, et ils proposèrent l'ad-
» mission de l'article, en exceptant les tableaux prus-
» siens. A cette proposition je répondis que j'étois là
» comme le representant des autres nations de l'Eu-
» rope, et que je devois reclamer pour les autres na-
» tions tout ce qu'on accordoit aux Prussiens. J'ajoutai
» que je n'avois point d'instructions relatives au Mu-
» séum, ni aucun moyen de me former une opinion

» sur la manière dont les Souverains agiroient ; que
» certainement ils insisteroient sur l'accomplissement
» des engagemens du Roi, et je conseillai la suppres-
» sion entière de l'article et de réserver cette affaire
» à la décision des Souverains lorsqu'ils seroient ar-
» rives.

» Telle est l'affaire du Musée relativement au traité.
» La convention de Paris n'en dit pas un mot, et il y
» a eu une négociation qui a laissé cette affaire à la
» décision des Souverains.

' Tout ce qui vient d'être développé immédia-
tement avant ce fragment de votre lettre, Mylord,
me semble amener pour conséquence naturelle
cette autre vérité de droit, que les circonstances,
les négociations et les résultats de la convention
militaire de Paris ne sauroient être opposés avec
justice au Roi légitime de la France ni invoqués
contre la nation qu'il gouverne. Autrement, il
faudra dire que toutes les fois qu'un État quel-
conque du monde civilisé aura été troublé in-
térieurement, son souverain et la nation, d'ailleurs, ayant voulu demeurer en paix avec leurs
voisins, la part que ces voisins auront prise au
rétablissement d'un ordre général qui les intéressoit eux-mêmes, leur donnera le droit d'en profiter pour méconnoître la dignité de ce souverain
et de cette nation, écarter les traités préexistans,
et soumettre l adversité de l'un et la confiance de

l'autre à de nouvelles conditions d'existence politique. Il me semble, Mylord, que, plus nous nous éloignons de la désastreuse époque de l'irruption de Bonaparte, et plus on perd de vue le noble but, le but important que les alliés avoient annoncé s'être proposé, je veux dire l'affermissement des trônes sur la base fondamentale de leur légitimité, et la consolidation de la paix universelle en Europe. Et jamais il ne s'étoit présenté, jamais il ne se représentera, peut-être, une occasion plus favorable à la sainte conspiration des peuples et des Rois contre le génie meurtrier de la guerre. Plus la nation française, dans ces malheureuses circonstances, auroit été distinguée des hommes qui l'ont agitée, plus Louis XVIII auroit été relevé de son abaissement momentanée par les égards et les respects des Rois, ses augustes pairs, et plus les liens de paix se seroient resserrés entre les nations, chez lesquelles ce grand spectacle d'une disgrâce royale réparée par des rois auroit laissé infailliblement des impressions et de durables souvenirs.

Mais, au surplus, Mylord, cette convention militaire de Paris elle-même, et les négociations qui la préparèrent, ont eu, d'après le récit que j'en trouve dans votre lettre, pour résultat unique, en ce qui concerne les monumens de l'art, de conserver l'état de choses qui existoit, sauf la

décision à intervenir ultérieurement. Cette décision, ce fut, suivant votre lettre, celle que
rendroient les Souverains. Les principes de réfutation que j'ai adoptés, parce que je les regarde
comme essentiellement protecteurs des liens politiques entre les gouvernemens, vous font assez
pressentir, Mylord, la différence de mon sentiment d'avec le vôtre sur ce point. La décision
libre, volontaire, de Louis XVIII, ou son consentement, pareillement volontaire et libre, à
des arrangemens généraux dans lesquels seroit
entrée la stipulation de remise, à telle ou telle
des Puissances étrangères, des objets d'arts redemandés par elle, voilà les seules voies dignes
des alliés par lesquelles ces objets pouvoient re-
tourner en la possession des anciens propriétaires. La nation française, sans doute, comme
admiratrice des ouvrages du génie, les auroit vivement regrettés ; mais elle ne se seroit pas étonnée
que le même regret et le même sentiment d'admiration eussent déterminé une réclamation, noble
en elle-même; elle se seroit étonnée encore
moins, dans les circonstances extraordinaires où
auroit été placé son Roi, de la déférence envers
des alliés magnanimes, dont une restitution auroit été le résultat.

» En admettant que le silence du traité de Paris du

» mois de mai 1814 , relativement au Musée , ait
» donné au Gouvernement français un droit incontes-
» table aux objets qu'il renferme , on ne peut nier que
» ce droit n'ait été anéanti par cette négociation.

» Ceux qui traitèrent pour le Gouvernement français
» jugèrent que les armées victorieuses avoient le droit
» de prendre les ouvrages de l'art renfermes dans le
» Musee ; et , en consequence , ils s'efforcèrent de les
» sauver , en introduisant un article dans la convention
» militaire. Cet article fut rejeté, et les prétentions des
» allies augmentèrent par la négociation : ce fut la
» raison qui fit rejeter l'article. Non-seulement la pos-
» session de ces objets ne fut pas alors garantie par
» la convention militaire ; mais la négociation ci-dessus
» mentionnée tendoit à affoiblir de plus en plus le
» droit du Gouvernement français à la possession , qui
» n'étoit fondé que sur le silence du traité de Paris du
» mois de mai 1814.

J'ai eu raison de dire plus haut , Mylord , que
vous-même aviez senti toute la conséquence du
traité de Paris , du 30 mai 1814 , relativement
aux objets d'arts étrangers entrés dans le Musée.
Ces expressions , *en admettant que le traité , etc.*
révèlent tout ce que l'évidence opéroit de conviction sur vous au moment où vous écriviez ce
passage. Et , en effet , pourroit-on ne pas convenir
que tel ait été le résultat du traité du 30 mai 1814 ,
résultat honorable pour les Puissances étrangères
comme pour la France , résultat qui valut à tous

les Souverains, alors, ce concert d'éloges vrais, de bénédictions sincères, par lequel les peuples récompensent toujours les actes de modération et de grandeur?

Une fois ce point avéré, on ne voit pas, Mylord, comment la conséquence nécessaire d'un traité positif auroit été *anéantie par la négociation* dont vous parlez. Sans qu'il soit besoin de revenir sur la distinction que j'ai établie plus haut, entre le Gouvernement légitime avec lequel les Souverains avoient conclu le traité du 30 mai 1814, et les autorités illégitimes auxquelles ils ont accordé, en 1815, la convention militaire de Paris, votre propre récit, Mylord, démontre qu'après des pour-parlers sur une prétention annoncée par le prince Blücher, au nom de son Souverain, concernant le Muséum, la négociation n'aboutit qu'à ne rien conclure. Comment donc un accord sur la convenance de remettre à la décision des Souverains, comme vous le dites, le point qui venoit d'être débattu, auroit-il pu produire cet effet *d'anéantir* un *droit* né d'un traité préexistant? Manifester une prétention susceptible, de sa nature, de modifier un traité ou *d'anéantir* un *droit* que ce traité auroit créé, c'est annoncer le désir de ne plus être soumis à cette partie du traité. Mais, pour que le traité soit modifié ou le *droit anéanti*, il faut que la prétention soit jugée. Entre les Souverains elle ne l'est que par des conventions nouvelles ou par les armes. Or, il n'y a pas eu de convention ; mais seulement, comme vous nous l'apprenez, Mylord, une *négociation* relative aux objets d'arts étrangers que renfermoit le Musée ; et je crois avoir prouvé que ce n'étoit pas dans les circonstances où se trouvoit Louis XVIII qu'il eût fallu *anéantir ce droit* avec les armes. Il restera toutefois pour constant que la négociation n'avoit ni *anéanti le droit*, ni, même, *affoibli la possession*, pour la France, et d'autant moins que si Bonaparte n'eût jamais reparu les armes à la main, si le gouvernement royal de France n'avoit pas ressenti la terrible secousse qui l'a ébranlé, une concession libre ou le sort d'une guerre expresse auroient seuls pu faire cesser *la possession* ou *anéantir le droit*.

» Les alliés, ayant maintenant la possession légale
» des tableaux et des statues du Musée, auroient-ils
» pu ne pas les restituer à ceux auxquels ils avoient
» été ravis, contre l'usage des guerres régulières et
» pendant l'effrayant période de la révolution française
» et de la tyrannie de Bonaparte ?

J'ai prévenu, Mylord, par une déclaration franche sur les désastres qui ont accompagné les guerres de la révolution française, et, plus encore, celles qu'a enfantées la tyrannie de Bonaparte, les expressions sévères, mais justes, que vous employez. Je reconnois, de plus, qu'avec quelqu'élévation dans l'ame, le vainqueur doit toujours respecter, chez les peuples vaincus, le genre de propriétés publiques dont il est question ici. Mais je vous prie de vouloir bien remarquer qu'en ce qui concerne S. M. le roi des Pays-Bas, la réflexion contenue dans ce passage de votre lettre ne reçoit pas, à beaucoup près, une application aussi juste. Avant le traité de Paris du 30 mai 1814, la Belgique étoit réunie à la France depuis plus de vingt ans ; nombre de traités postérieurs à cette réunion l'avoient consolidée davantage encore. Les provinces de l'ancienne Belgique formoient, depuis la même époque, des départemens de la France. Les tableaux et statues *demandés* en dernier lieu par le ministre de S. M. le roi des Pays-Bas avoient été placés au Muséum de la Capitale comme l'ont été tous les monumens d'arts qui, dispersés sur diverses parties du territoire de l'ancienne France, étoient dignes de contribuer à enrichir cette magnifique collection de tableaux et de statues, plus européenne encore que nationale. Certes il n'y a aucune comparaison à établir entre cet état de choses et les résultats des excursions anarchiques de Bonaparte, quoiqu'il soit vrai de dire que le dernier état fixé par le traité de Paris du 5o mai 1814 fût favorable au maintien, dans le Musée de cette ville, même des objets d'arts qui y étoient entrés à la suite des succès qu'il avoit dus à la valeur française. Je ne puis donc convenir, Mylord, qu'au moment où les Alliés ont fait des restitutions après les enlèvemens ordonnés par eux, ils aient eu la *possession légale* des objets ainsi restitués.

» La conduite des alliés relativement au Muséum, » à l'époque du traité de Paris, doit être attribuée à » leur désir de faire une chose agréable à l'armée française, et d'achever sa réconciliation avec l'Europe, » à laquelle cette armée sembloit alors disposée.

Aussi, Mylord, le pensa-t-on en France. Aussi les Français, auxquels on ne pourroit refuser sans injustice d'avoir un sentiment exquis des convenances, ont-ils loué hautement la délicatesse, la noblesse de cette conduite. Aussi, quelle que fût, alors, la divergence d'opinions politiques entre des Français, tous se sont-ils accordés à honorer par leur langage et dans leurs écrits une modération digne, en effet, de leur estime et de leur reconnaissance. Permettez-nous pourtant, Mylord, de penser que ce n'est pas à l'*armée française* seulement que les Alliés ont voulu être agréables

en agissant, alors, avec tant de magnanimité ; qu'ils
ont voulu, aussi, l'être à une Nation généreuse
dont cette armée étoit une partie, à un Roi
sage, loyal, et dont les principes, comme les lu-
mières, donnoient une garantie de la foi avec
laquelle le traité du 30 mai 1814 seroit exécuté
par la France.

» Mais les circonstances sont aujourd'hui absolu-
» ment différentes : l'armée a trompé (*désappointe*) la
» juste attente du monde et embrassé la première oc-
» casion de se révolter contre son Souverain et de servir
» l'ennemi de l'humanité, dans le dessein de ramener
» ces temps affreux et ces scenes de pillage, contre
» lesquels le monde a fait de si prodigieux efforts.

» Cette armée ayant été defaite par les armées de
» l'Europe, est dissoute par le conseil uni des Souve-
» rains, et il ne peut y avoir aucune raison qui puisse
» engager les puissances de l'Europe à faire tort à leurs
» propres sujets pour satisfaire encore cette armee. En
» vérité, il ne m'a jamais paru necessaire que les Sou-
» verains alliés négligeassent cette occasion de faire
» justice et de favoriser leurs sujets pour plaire à la
» nation française. Le sentiment du peuple français sur
» ce sujet ne peut être qu'un sentiment d'orgueil na-
» tional.

Les *circonstances* sont *différentes* sans doute,
Mylord ; mais il est assez établi par tout ce qui
précède que le *droit* n'a *pas changé*.

Votre seigneurie présume bien que ce ne sera pas un Français qui applaudira, en parlant à un Général étranger, à la rigueur de son langage au sujet de l'armée française. Instrument et victime des fureurs intéressées de quelques hommes, cette armée, sans doute, fut entraînée dans un égarement à jamais déplorable ; mais vous êtes trop juste, Mylord, pour ne pas faire, en accusation, la meilleure part à Bonaparte et à ses fauteurs, en compassion mêlée encore d'estime, à ces braves qui, en périssant à la bataille de Waterloo, emportèrent votre propre admiration ; à ces autres braves qui, couverts de blessures et illustrés par tant de faits glorieux, n'ont besoin que d'aimer leur Roi pour avoir bientôt repris dans l'opinion des peuples le rang qui leur appartient.

Au surplus, une partie de cet article de votre lettre excite à bon droit quelque surprise. Il n'y est, en effet, question que de *l'armée*. Mais la *France*, mais *Louis XVIII*, sont-ils donc dans *l'armée?* De ce que *l'armée* française a commis une grande faute, si cruellement expiée, en concluriez vous donc, Mylord, que les droits de la France et de Louis XVIII n'ont dû être plus rien aux yeux des Souverains? On est tenté de le croire en rapprochant ces articles de celui qui précède, et où vous avez déclaré que les Alliés, dans leur conduite, avoient voulu faire une chose agréable à l'*armée* française. Ce seroit une grande erreur ; car, chez aucun peuple civilisé, l'armée n'est la Nation, pas plus en France qu'ailleurs. Aussi revenez vous, comme naturellement, à cette idée, vers laquelle la force de la vérité vous ramène, lorsque vous ajoutez qu'il ne vous *a jamais paru nécessaire que les Souverains alliés négligeassent cette occasion de faire justice et de favoriser leurs sujets pour plaire à la* Nation française ; *et que le sentiment du* Peuple français, *sur ce sujet, ne peut être qu'un sentiment d'orgueil national.* Sur quoi, Mylord, je vous dirai que la préférence, chez les Souverains, en faveur de leurs sujets sur la France, est d'une justice incontestable ; mais que le choix des occasions *à ne pas négliger,* pour la manifester, est du ressort de ces convenances politiques dont j'ai déjà parlé, et dont le sentiment, je vous le proteste, est entré pour beaucoup plus, cette fois, dans ce qui s'est dit à Paris touchant l'expédition du Musée, que l'*orgueil national.*

« Ils désireroient retenir ces chefs-d'œuvre de l'art, » non parce que Paris est le lieu le plus convenable » pour leur réunion (car tous les artistes et tous les con- » noisseurs qui ont écrit sur ce sujet s'accordent à de- » mander qu'ils soient reportés aux lieux où ils étoient

» originairement placés), mais parce qu'ils ont été
» acquis par des conquêtes dont ils sont les trophées.

Non, Mylord, croyez-le bien, dans les circonstances où l'expédition contre notre Musée a eu lieu, et quelque douloureuse que dût devenir pour toute la France une semblable privation, c'est moins encore le souvenir de la *conquête* que la forme de l'enlèvement qui a causé le chagrin des Français.

Quant à votre opinion, que vous assurez être celle de *tous les artistes et de tous les connoisseurs*, sur la plus grande utilité du replacement des objets d'arts dans *les lieux où ils étoient originairement placés*, je ne suis pas compétent pour l'apprécier. Seulement j'ai entendu dire, par de bons juges aussi, que la réunion, dans le Musée de Paris, des objets d'arts nationaux et étrangers qu'il renfermoit, favorisoit prodigieusement l'étude et les progrès des élèves, à raison de l'heureuse facilité que ceux-ci trouvoient à visiter souvent et à contempler ces œuvres du génie, sans frais, et, au contraire, avec une extrême libéralité d'égards.

» Les mêmes sentimens qui font désirer au peuple
» français de garder les tableaux et les statues des au-
» tres nations doivent faire désirer aux autres nations,

» maintenant que la victoire est de leur côté, de voir
» restituer ces objets à leurs légitimes propriétaires, et
» les Souverains alliés doivent favoriser ce désir.

Ces sentimens sont très-naturels de part et d'autre, et honorent les étrangers comme les Français. Nul doute que les *Souverains alliés ne doivent favoriser* tout *désir* de leurs peuples qui sera conforme à ces sentimens. Aussi n'y a-t-il de controverse, ici, qu'au sujet du mode, et il est digne de la puissance comme de la grandeur des Souverains alliés, de le préférer toujours conforme à leur propre dignité comme à celle de leurs voisins. Or, la *victoire qui est de leur côté* ne fut pas une victoire sur Louis XVIII ni sur la Nation. Ni l'un ni l'autre n'étoient des ennemis. Ni l'un ni l'autre ne furent des vaincus.

» Il est de plus à désirer, pour le bonheur de la
» France et pour celui du monde, que, si le peuple
» français n'est pas déjà convaincu que l'Europe est
» trop forte pour lui, on lui fasse sentir que, quelque
» grands qu'aient pu être ses avantages partiels et tem-
» poraires sur une ou plusieurs des puissances de l'Eu-
» rope, le jour de la restitution doit arriver à la fin.

Bonaparte a pu affecter, Mylord, dans l'excès de ses folles jactances et dans l'ivresse de ses triomphes avec des soldats français, de se croire *plus fort que toute l'Europe*. Le *Peuple français* ne partagea jamais ce délire de Bonaparte.

Il est valeureux , il est capable des plus grandes choses, il l'a prouvé. Mais la bonté , un caractère naturellement affectueux et hospitalier envers les étrangers, la noblesse de sentimens, sont aussi le partage de notre nation , comme le monde le sait et l'a proclamé pendant long-temps. Une inquiétude immodérée vers la liberté l'a précipitée dans la tyrannie de Bonaparte. Bonaparte en a fait sa première victime, et il s'est aidé de cette tyrannie même pour la forcer à seconder ses excès au-dehors, qu'elle déploroit amèrement. Mais gouvernée par Louis XVIII, et suivant des principes dignes d'elle et de lui, elle continuera d'être respectable en cessant d'être menaçante. Sur-tout elle n'aura jamais, pas plus qu'elle ne l'a eu jusqu'à présent, la folie de se croire *plus forte que toute l'Europe*, parce qu'un tel orgueil ne seroit que ridicule, même chez un peuple qu'on sait bien être capable du développement le plus imposant de tous les genres de force et de puissance.

Je ne dois pas omettre, au surplus, Mylord, de faire remarquer ici qu'après avoir expliqué plus haut, par la faute de *l'armée* française, la rigueur de conduite de quelques-uns des Souverains alliés, cette année , sur le territoire français, c'est au *Peuple français* que vous pensez qu'on doit *faire sentir* le résultat de leurs avantages et l'inévitable événement de la restitution. Ainsi se trouve établi ce que j'ai dit de cette distribution de justice, par l'effet de laquelle les faits de l'*armée* se trouvent rendus communs à une Nation amie et à un Roi allié. En quoi je persiste à voir la continuité de cette erreur que j'ai pris la liberté de signaler précédemment.

» Mon opinion est donc qu'il seroit injuste aux Souverains de condescendre aux désirs de la France ; le sacrifice qu'ils feroient seroit impolitique, puisqu'il leur feroit perdre l'occasion de donner aux Français une grande leçon morale.

» Je suis, mon cher Lord, etc. »

WELLINGTON.

Le motif de l'opinion par laquelle vous terminez votre explication, Mylord, est bien pénible à entendre, ainsi que les termes qui en renferment l'expression : mais ils ne sont pas stériles en réflexions importantes.

Pour qu'une *leçon* donnée par les hommes à des hommes soit *grande et morale*, il ne suffit pas de la moralité dans la fin, il la faut encore dans les moyens. C'est un grave sujet de méditation pour les Français, sans doute, comme pour le monde et pour nos neveux, que ce résultat de vingt-trois années de la guerre de la Révolution, au bout desquelles tant de triomphes, tant d'exploits mémorables, tant d'agrandissement, tant de domination par la force des armes, se résolvent en restitutions de tout genre. Il y a là une *grande leçon morale*, on doit en convenir, et qui apprend aux Rois non moins qu'aux Peuples tout ce qu'a de vain et de calamiteux la fureur des conquêtes, dont l'expiation a lieu tôt ou tard. Mais cela ne fait pas que, si les moyens employés pour produire ce résultat moral n'ont pas été marqués eux-mêmes du caractère d'une véritable moralité, la leçon doive être considérée comme une *grande leçon morale*. Or, il me semble prouvé, par les développemens donnés à cette réfutation, que l'expédition faite contre le Musée n'a pas offert ce caractère.

De plus véritables *leçons morales*, toutefois, ont été données aux Français ; et, celles-là, ils les ont entendues, ils les ont admirées. Ce fut, par exemple, Mylord, lorsqu'en Espagne, sur ce théâtre principal de votre gloire, une vive sollicitude, une humanité ardente, vous suggérèrent l'idée d'attacher une récompense au salut de chaque Français menacé par la colère de ces Espagnols dont Bonaparte étoit allé attaquer si criminellement l'indépendance. Ce fut encore lorsque, l'année dernière, un grand Souverain, dans les États duquel une rage inconcevable d'ambition avoit poussé Bonaparte y entraînant avec lui des armées françaises, et dont les sujets s'étoient portés à cet excès d'un généreux désespoir de tenter l'incendie de l'une de leurs plus belles villes plutôt que de demeurer les témoins de son invasion, arrivé à son tour, de six cents lieues, après un grand nombre de combats meurtriers, et, à ce qu'on pouvoit supposer, au milieu des conseils et des cris de la vengeance, entra dans notre Capitale, l'olivier à la main, protégea l'ordre, respecta les monumens des arts, même ceux dont l'existence pouvoit lui paroître une sorte de protestation contre son triomphe, déclara, sans hésitation, dès sa première communication avec l'un des principaux corps de l'État, la délivrance de deux cent mille prisonniers français retenus dans son Empire, seconda le vœu national en faveur du rétablissement de la dynastie légitime, fit observer constamment par ses troupes la plus honorable discipline, marqua chacune de ses journées par des actes de loyauté, de bonté, de munificence, d'égards pour le Monarque rendu à la France ; et, ramené sur notre territoire, cette année, par les événemens que nous déplorons, s'est montré fidèle à lui-même, à l'amitié qui l'unissoit aux Français comme à leur Roi, et n'est parti que couvert de nos bénédictions et de nos vœux. C'est enfin lorsqu'on a vu, tout récemment, ces Espagnols, si long-temps malheureux par un abus cruel de la force, que détesta sincèrement la Nation française, ces Espagnols, qu'on pouvoit croire nourris de ressentimens et soupirant ardemment après une première occasion de représailles, apparoître comme amis à l'entrée de notre territoire, offrant leurs bras, leurs armes, leur concours pour le maintien de la dignité de notre Nation et de celle de son Monarque, et ne s'en retirer qu'en exprimant le regret de n'avoir pas été utiles à la France et à Louis XVIII. Voilà, Mylord, de *grandes leçons morales* : celles-là ne sont jamais perdues pour les Peuples ; elles ne doivent pas l'être non plus pour leurs Souverains. Car si la plus belle gloire des Rois est de faire le bonheur des Nations confiées à leurs soins par la Providence, il en est une autre qui l'égale : c'est la gloire d'avoir mérité les bénédictions d'un peuple étranger. Mais l'expédition faite contre le Musée de Paris, dans les circonstances où elle a eu lieu et avec les formes qui ont été employées, ne sauroit être mise en parallèle avec les faits glorieux que je viens de rappeler, ni considérée comme une *grande leçon morale*.

Telles sont, Mylord, les observations que suggéroit naturellement à tout lecteur français de votre lettre du 25 septembre dernier, l'explication qu'elle renferme, relativement à cette expédition du Musée, dont nous avons gémi, parce que nous n'étions pas en état d'inimitié, moins encore en état de guerre avec les Souverains alliés ; parce que nous sommes, au contraire, et voulons demeurer leurs amis ; parce que notre Roi est le leur, et que son adversité, dont la nation ne fut point complice, loin de briser les liens de cette amitié, sembloit devoir les resserrer davantage ; parce qu'avoir profité du malheur de Louis XVIII pour reprendre à main armée, dans sa Capitale, au sein d'un établissement dépositaire des monumens des arts, des objets dont la remise ne pouvoit, dans l'état des choses, résulter que d'une concession parfaitement libre, c'est, comme l'a dit avec vérité un de nos écrivains périodiques, « avoir ramené » au train des choses communes des événemens » qu'on s'étoit hâté de classer dans un autre ordre, » et mis un prix effrayant aux secours que les » Nations paroissoient disposées à se prêter entre » elles dans ces grandes calamités dont aucune » ne peut se dire exempte. »

Je n'ai eu, Mylord, d'autre mission que ma qualité de Français, que mon zèle pour la dignité de ma nation et pour celle de son Roi, qui en est inséparable. Vous vous expliquerez, par ce sentiment même de patrie qui vous anime comme Anglais, la liberté que j'ai prise, comme

Français, d'entrer en communication avec vous sur un point aussi capital que l'est pour chacun de nous l'honneur de son pays. Et je me suis formé une opinion as-ez haute de la noblesse de votre caractère personnel pour croire fermement que cette liberté, loin qu'elle vous déplaise, recevra des circonstances, à vos yeux, un degré d'intérêt plus particulier. Car il n'eût été ni juste, ni digne de votre nation, non plus que de son Gouvernement, que ces circonstances fissent obstacle à la publicité des observations d'un Français, sur une communication de vous avec l'un des Ministres de sa Majesté Britannique, dont l'objet intéressoit essentiellement la France et son Monarque. Je ne puis, au surplus, vous donner une preuve plus forte de la conviction qui a dicté ces réflexions, qu'en vous protestant que celui qui les a écrites fut long-temps et voudra toujours être l'un de vos plus sincères admirateurs.

J'ai l'honneur d'être, avec respect,

MYLORD,

De votre Seigneurie,
Le très-humble et très-obéissant serviteur,

BILLECOCQ, avocat.

Paris, 22 octobre 1815.

DE L'IMPRIMERIE DE P. GUEFFIER.

www.ingramcontent.com/pod-product-compliance
Lightning Source LLC
Chambersburg PA
CBHW061336060726
47596CB00003B/1279